TIME
FOR KIDS

Cuerpos al límite
Hazañas y fracasos

T0136523

Dona Herweck Rice

Consultores

Dr. Timothy Rasinski
Kent State University

Lori Oczkus
Consultora de alfabetización

Basado en textos extraídos de
TIME For Kids. TIME For Kids y el logotipo
de *TIME For Kids* son marcas registradas
de TIME Inc. Utilizados bajo licencia.

Créditos de publicación

Dona Herweck Rice, *Jefa de redacción*
Conni Medina, *Directora editorial*
Lee Aucoin, *Directora creativa*
Jamey Acosta, *Editora principal*
Lexa Hoang, *Diseñadora*
Stephanie Reid, *Editora de fotografía*
Rachelle Cracchiolo, M.S.Ed., *Editora comercial*

Créditos de imágenes: tapa, págs. 1, 11
REUTERS/Newscom; pág. 8 Bettmann/Corbis/AP
Images; pág. 40 (centro) Associated Press; págs.
6–7 Jerry Cooke/Corbis; pág. 37 (abajo) Bmtlines/
Dreamstime; págs. 7 (abajo), 16–19, 24–25,
32 Getty Image; pág. 5 (arriba) ABC via Getty
Images; pág. 33 (abajo) LOC [LC-USZC4-7246];
pág. 35 (arriba) Action Plus/Newscom; pág.
36 (arriba) Action Press/Newscom; pág. 15
(arriba) AFP/Getty Images/Newscom; pág.
21–22 AFP/Newscom; pág. 30–31 cs9/ZUMA
Press/Newscom; pág. 12–13, 33–34 Empics/
Newscom; pág. 28–29 Josh Chapel/Southcreek
Global/Newscom; págs. 15 (abajo), 33–34 KRT/
Newscom; pág. 30 Louis Lopez/Cal Sport Media/
Newscom; pág. 26–27 LVNB/Newscom; pág.
34 MCT/Newscom; pág. 14, 32–33, 40 (arriba)
Newscom; pág. 29 (izquierda) Scott A. Tugel/
Newscom; págs. 10 (arriba y abajo), 40–41
(abajo) ZUMA Press/Newscom; págs. 12, 41
(arriba) UPI/Newscom; págs. 16, 17 (abajo), 36
(abajo) WENN/Newscom; pág. 37 (arriba) Xinhua/
Photoshot/Newscom; todas las demás imágenes
de Shutterstock.

Teacher Created Materials

5301 Oceanus Drive
Huntington Beach, CA 92649-1030
http://www.tcmpub.com

ISBN 978-1-4333-7103-5

© 2013 Teacher Created Materials, Inc.
Printed in China
Nordica.082019.CA21901021

Tabla de contenido

Un pie delante del otro

Cuando un bebé empieza a caminar con sus pequeñas piernas y da su primer paso, no caben dudas de que ha logrado una **hazaña** que vale la pena celebrar. Después de todo, requirió de muchas caídas y de un espíritu de intento continuo para lograr ese solo paso. A lo largo del tiempo, los bebés de todo el mundo han hecho lo que tenían que hacer para cumplir la tarea. Sus esfuerzos parecen ser parte del espíritu humano. Y sus logros no se detienen con un solo paso.

Muchas personas de todo el mundo pasan de caminar a correr, saltar, lanzar, girar e incluso volar de maneras que parecen sobrehumanas. ¿Cómo lo hacen? El secreto de su éxito es igual al impulso que existe dentro de ese bebé que se prepara para dar su primer paso. Intenta una y otra vez. Cree que puedes hacerlo. Inténtalo. Luego, ¡consíguelo!

O no. La verdad es que, por cada hazaña física impresionante, hay muchos fracasos. Pero los fracasos pueden hacer que las hazañas parezcan incluso más gloriosas. El mundo ha sido testigo de muchas hazañas alucinantes. Y ha sido testigo de muchos fracasos desgarradores y demoladores. Pero no importa lo que suceda; al igual que los bebés, la gente se levanta, sale y hace el trabajo.

La agonía de la derrota

Durante 37 años, un programa de televisión semanal llamado *ABC's Wide World of Sports* incluyó en su monólogo de apertura la famosa frase: "la emoción de la **victoria**… la agonía de la derrota". Cuando se pronunciaban las palabras acerca de la derrota, se mostraba al saltador de esquí Vinko Bogataj en un accidente terrible que lo hacía rodar sobre la ladera de una montaña. Las palabras y la imagen quedaron vinculadas con el fracaso atlético.

PARA PENSAR

- ¿Cuál es tu mayor hazaña?
- ¿De qué manera te pueden inspirar los logros de otros?
- ¿Cuáles son los límites del cuerpo humano?

La mujer
más rápida
del mundo

En 1960, Wilma Rudolph fue considerada la mujer más rápida del mundo. Estableció récords mundiales y ganó tres medallas de oro en atletismo. La gente estaba anonadada por su velocidad y su destreza. Muy pocos sabían que cuando Rudolph era muy joven, no podía ni siquiera caminar por sus propios medios.

Rudolph nació de manera muy prematura y fue una niña muy enfermiza. A los cuatro años de edad tuvo **polio**. La enfermedad le dejó su pierna y su pie izquierdo torcidos. Su madre pasó horas con Rudolph, ayudándola a estirar su pierna y a mejorar su movilidad. Rudolph necesitaba masajes en la pierna varias veces al día. Usó un aparato ortopédico en su pierna durante tres años. Finalmente, cuando tuvo 12 años, Rudolph pudo caminar como cualquier otro niño.

Rudolph y su madre realizaban un viaje de 50 millas en transporte público cada semana para recibir tratamientos especiales.

Abriendo el camino

Rudolph se crió en una época en la que las personas blancas y negras se separaban. Exigió que un desfile en su honor fuera abierto para todos. Fue la primera vez que personas blancas y negras estuvieron juntas en un evento de la ciudad.

Una de las hermanas de Rudolph era una estrella del básquetbol. Rudolph quería hacer eso también. Entonces, con práctica y **determinación**, se convirtió en un éxito dentro de la cancha. Un **cazatalentos** de figuras de atletismo la descubrió allí.

En 1956 Rudolph formó parte del equipo de atletismo de los Juegos Olímpicos de EE. UU., cuando tenía 16 años. En 1960, ganó sus medallas de oro. ¡También ganó los elogios del mundo!

Matemáticas en la pista

Los corredores aplican fuerza sobre el suelo. El éxito de cada paso puede medirse a través de la manera en la que se aplica la fuerza. Los pasos que son 100 por ciento **eficientes** no desperdician energía.

Si el talón toca el piso, los pasos son más lentos. Los pasos incorrectos pueden hacer que los corredores solo consigan un rendimiento del 70 por ciento.

Si un atleta se cae al suelo, el paso es completamente ineficiente.

0% de fuerza potencial usada

Si un atleta no se despega del piso con la fuerza suficiente, solo se usa el 80 por ciento de la energía potencial.

El paso perfecto, o zancada, resulta en el uso de 100 por ciento de la fuerza potencial.

100% de fuerza potencial usada

¿Hombre o pez?

Desde que las personas caminan, también nadan. Como muchas otras especies, las personas se divierten en el agua. Pero algunas personas se adaptan al agua como si fueran peces. Mucha gente de todo el mundo conoce a Michael Phelps. Y muchos de ellos bromean con que Phelps debe provenir de algún tipo de especie de peces. Dicen que se mueve como si tuviera aletas.

Los premios de natación de Phelps son inigualables. Es el atleta que tiene mayor cantidad de victorias en la historia del campeonato mundial. También tiene la mayor cantidad de medallas ganadas en una misma Olimpiada. Durante los juegos de 2004, ¡se llevó a su casa ocho medallas de oro! Y es el hombre más joven en establecer un récord mundial. A los 15 años, rompió la marca de 200 metros mariposa en los *Spring Nationals* de 2001. La lista de premios y medallas continúa. Por el momento, ¡parece que no tendrá fin!

6 pies y 7 pulgadas

6 pies y
4 pulgadas

Los brazos largos de Phelps lo ayudan a nadar rápido. Sus brazos abarcan seis pies y siete pulgadas. Eso supera su altura de seis pies y cuatro pulgadas.

Phelps nada desde que era un niño. Pero también luchó contra un trastorno por déficit de atención con hiperactividad (TDAH). El trastorno hace que sea difícil prestar atención, controlar los **impulsos** o controlar la actividad. Phelps ha dicho que nadar lo ayudó con su TDAH.

Kerri Strug

Todos los que vieron su desempeño quedaron sorprendidos. Parada sobre un tobillo lesionado, la gimnasta olímpica Kerri Strug emprendió su carrera para el salto y saltó sobre sus dos tobillos para obtener un puntaje de 9.712. Eso fue suficiente para obtener la medalla de oro del equipo de mujeres de los EE. UU. Apenas Strung apoyó sus dos pies, rápidamente brincó con un solo pie y luego cayó de rodillas. Tenía un dolor terrible pero, como los mejores atletas, hizo lo necesario para convertirse en una campeona.

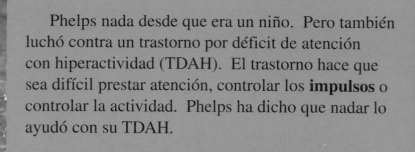

NO intentes esto en casa

En 2007, el ilusionista David Blaine intentó romper el récord mundial por contener la respiración. Fracasó y tuvo que desistir. Pero un año más tarde, trabajó con médicos para contener su respiración durante 17 minutos. Antes de intentar la hazaña, respiró oxígeno puro. Pero seguía siendo muy peligroso.

A los 15 años, Phelps se convirtió en el hombre más joven de la historia en establecer un récord mundial en natación.

Hazañas y fracasos de los Juegos Olímpicos

Comienza con talento y termina con determinación, y quizá un poco de suerte. Estos atletas sorprendentes han alcanzado lo que la mayoría de nosotros consideraría imposible. O han fracasado de maneras desgarradoras, a pesar de sus mejores esfuerzos.

Greg Louganis

En un movimiento que provocó escalofríos en los espectadores de todo el mundo, el clavadista olímpico Greg Louganis se quebró la cabeza sobre el trampolín durante las **preliminares**. Si golpeaba de mala manera, el golpe podría haber matado a Louganis. Pero luego de recibir unas puntadas, regresó para realizar su próximo clavado y obtuvo las marcas más altas ese día. Al día siguiente, durante las finales, Louganis se llevó a su casa la medalla de oro.

¿Son estas las mejores o las más tristes historias? No, cada cuatro años los Juegos Olímpicos están llenos de nuevos triunfos y tragedias. Estas solo son algunas de las historias.

Karnam Malleswari

Karnam Malleswari, de la India, entró en la historia de los Juegos Olímpicos cuando se convirtió en la primera mujer india en ganar una medalla en levantamiento de pesas. También fue la primera mujer india de la historia en ganar una medalla. Malleswari ganó su medalla de bronce en 2000.

Derek Redmond

Derek Redmond, de Gran Bretaña, tuvo que abandonar los Juegos Olímpicos de verano de 1992 cuando se desgarró los ligamentos durante una carrera **semifinal**. Aunque Redmond no ganó una medalla, inspiró a todos cuando luchó por terminar la carrera. Como no podía, su padre salió de la tribuna para ayudar a su hijo a terminar el recorrido hasta la meta.

Han Xiaopeng

China no es reconocida por su esquí, pero en los Juegos Olímpicos de invierno de 2006, Han Xiaopeng de China ganó una medalla de oro. Ninguna persona de China había llegado a la final de unos Juegos Olímpicos de invierno. Pero no solo llegó a la final, ¡llevó a su casa el oro! También fue el medallista de oro más joven de la historia del esquí de los Juegos Olímpicos y, al mismo tiempo, estableció un récord mundial.

Sin piernas, sin temor

Algunos atletas han recobrado el máximo estado físico luego de sufrir lesiones. Otros han subido a los puestos más altos de su disciplina con cuerpos que parecían limitados desde el comienzo. Un atleta semejante y fuente de inspiración es Aimee Mullins.

Como nació sin huesos importantes en la parte inferior de sus piernas, a Mullins le amputaron las piernas debajo de las rodillas cuando era bebé. Pero Mullins era fuerte y segura, y tuvo una gran actitud. Con piernas **ortopédicas**, se convirtió en una de las figuras más importantes en atletismo.

Mullins ahora trabaja como modelo. Recorre las pasarelas de reconocidos diseñadores. Incluso es modelo de una famosa compañía de maquillajes.

Anthony Robles

El campeón de lucha de nivel universitario, Anthony Robles nació con una sola pierna. Incluso siendo un niño pequeño, no quiso usar una pierna ortopédica. Ganó su título de campeón estatal de lucha tanto en la categoría júnior como en la sénior de la preparatoria. En la universidad, se convirtió en campeón nacional durante la temporada 2010–2011 y finalizó su año sénior de la universidad invicto. También es tricampeón de lucha *All–American*.

Mullins disfruta de cambiar su altura de cinco pies y ocho pulgadas a más de seis pies a través del uso de diferentes piernas ortopédicas.

Mullins recorriendo la pasarela

Muchas personas admiran a Mullins y a su historia. Quieren saber más acerca de cómo puede lograr tanto. Mullins se alegra de contarles. Ahora es una oradora **motivadora**. Explica que sus piernas le brindan "súper poderes". No ve a sus piernas como un problema. Las ve como una gran bendición. Mullins no es solo modelo en su trabajo sino también modelo de cómo vivir bien.

Cuando las palabras nos fallan

A veces, el único fracaso que sucede es la manera en la que describimos algo. Cuando Mullins buscó *discapacitado* en el diccionario, se entristeció de encontrar estos sinónimos: *enfermedades, enfermo, incapacitado, sentirse mal, poco saludable*. Esas palabras no la describían. Mullins sabía que su amputación solo era un fracaso para aquellos que la definían con esos términos.

Para evitar que se arrastre, la rodilla levanta la pierna ortopédica a medida que el pie se mueve hacia adelante.

Paso a paso

En 1999, Mullins fue reconocida como una de las 50 personas más lindas del mundo por la revista *People*.

Con cada paso, una bola que se encuentra en el pie rueda entre el talón y el dedo.

A medida que el pie ortopédico regresa hacia atrás, la rodilla actúa como una rodilla normal.

Sobre la cuerda

Desde que se colocaron las primeras vigas en 1966 hasta su terrible derrumbe el 11 de septiembre de 2001, las torres gemelas del *World Trade Center* velaron por la ciudad de Nueva York como dos guardianes gigantes. Fueron una hazaña sorprendente de la ingeniería. Pero el 7 de agosto de 1974, las personas que miraban desde abajo y desde las ventanas de rascacielos cercanos quedaron atónitas al ver un cable extendido entre los edificios. Y parado en el medio del cable, sosteniendo una pesada barra de equilibrio (pero sin nada más entre él y la distancia de caída de 1,368 pies), estaba Philippe Petit. Era un famoso artista francés y un experto en la cuerda floja. Y estaba caminando sobre un cable entre los dos edificios.

Sobre el piso

Petit amaba la magia y los malabares desde pequeño y comenzó a caminar sobre la cuerda a los 16 años. En un año, dominó todos los trucos. Fue entonces cuando comenzó a inventar sus propios trucos. Dedicó su vida a ser un artista callejero y realizó presentaciones por toda Europa.

¿Cómo hizo Petit para extender el cable rápidamente y en secreto entre las dos torres? ¡Usó un arco y flechas!

131 pies de un extremo al otro

1,368 pies hacia abajo

Mientras la gente contenía la respiración, Petit colocó un pie delante del otro. Los espectadores gritaban de asombro. Aclamaban. Se cubrían los ojos y espiaban por entre sus dedos. Y, paso a paso, Petit lo hizo. Llegó al otro lado. Y lo hizo nuevamente. Y nuevamente. Petit cruzó ocho veces. También se acostó sobre el cable, bailó y saltó con ambos pies en el aire.

Por supuesto, la policía lo estaba esperando. No era legal caminar sobre un cable extendido entre las torres. Pero ni siquiera su arresto pudo cambiar el hecho de que Petit hubiese hecho algo que prácticamente nadie en el planeta podía hacer, ni tampoco hubiera soñado hacer.

¿Sorprendente? Sí. Pero si fue una hazaña sorprendente de coraje o estupidez, solo tú puedes decidirlo.

Los *Flying Wallendas*

Considerados por muchos los mejores artistas de circo de todos los tiempos, los *Flying Wallendas* (Wallendas voladores) realizaban un número **temerario** sobre la cuerda floja a comienzos del siglo XX. La gente llegaba de todas partes del mundo para ver sus sorprendentes hazañas. Pero un solo error terminó con la carrera de un equilibrista. Luego de más de 50 años de presentaciones, el fundador del grupo, Karl Wallenda, murió al caer de la cuerda floja a los 73 años.

Petit "caminó" entre las torres durante 45 minutos antes de que la lluvia finalmente lo hiciera detenerse.

★ Puro Evel ★ ★

    ¿Qué hace falta para darle un giro a tu vida? Con una infancia difícil que comenzó en 1938, Robert Craig Knievel tomó algunas decisiones equivocadas y estuvo un tiempo en prisión. Un guardia del lugar le puso un sobrenombre que permaneció: Evel Knievel.

    A Knievel siempre le encantaron las emociones. Particularmente, le gustaba observar a los temerarios. Comenzó a realizar saltos extravagantes en una bicicleta. Más tarde, aprendió por sí solo a saltar en motocicletas.

    Cuando fue adulto, Knievel probó muchos trabajos. Incluso prestó servicios en el ejército. Pero la emoción del salto siempre lo hizo regresar. En 1966, comenzó su propio espectáculo temerario.

Knievel era conocido por usar trajes con capas de diseños alusivos a los Estados Unidos durante sus saltos.

Knievel fue incorporado al Salón de la Fama del motociclismo en 1999.

El *Libro Guinness de World Records* nombró a Knievel como el sobreviviente con "la mayor cantidad de huesos rotos en toda una vida".

Knievel se hizo famoso en las vísperas de Año Nuevo de 1967. Fue en ese momento que saltó sobre la fuente que se encuentra fuera de *Caesar's Palace* en Las Vegas, Nevada. El salto se mostró en televisión y Knievel se hizo famoso. Pero pasó los siguientes 29 días en **coma**. Fue una hazaña sorprendente y un fracaso a la vez.

¿Detuvo eso a Knievel? ¡De ninguna manera! Saltó y saltó nuevamente en hazañas incluso más osadas. Quería saltar el Gran Cañón, pero nadie se lo permitiría. Finalmente, intentó saltar el río Snake en Idaho. Fracasó cuando su paracaídas de seguridad se abrió justo después del despegue.

El salto más largo de Knievel fue sobre 14 autobuses. Entre 1965 y 1981, intentó más de 75 saltos de una rampa a otra. ¡Y se quebró 433 huesos en el intento!

¡Sube la rampa!

La pendiente de una rampa se expresa como un porcentaje. Por ejemplo, una rampa con una pendiente del 25 por ciento se eleva 25 pies cada 100 pies. ¿Cuál es la pendiente de la siguiente rampa?

100 pies

Los muñecos de Knievel eran unos de los juguetes más populares para los niños durante su apogeo en la década de 1970.

El final de Knievel

Aunque Knievel vivió una vida peligrosa y fue hospitalizado muchas veces, su profesión no lo mató. Murió debido a una enfermedad pulmonar a los 69 años.

30 pies

Hombre nitro

"¡Oh! ¡Esto es increíble!" El anunciante apenas pudo pronunciar las palabras. Travis Pastrana, de 22 años, acababa de ser el primero en la historia en realizar una doble vuelta hacia atrás en motocross de estilo libre en los *X Games* de 2006.

Unos segundos antes, Pastrana se había sentado sobre su moto en la parte más alta de la rampa de salida. La ovación de la multitud clamaba por este gran favorito de los fanáticos. Incontables flashes de cámaras iluminaban el cielo de la noche. Pastrana aceleró su motor. Luego, bajó la rampa, atravesó la tierra y subió por una rampa pequeña. Subió, subió y subió haciendo volar su motocicleta hacia atrás una vez..., ¡y luego otra vez! Aterrizó, luego subió una rampa desde donde Pastrana saltó y atravesó la arena. Sacudió con fuerza sus puños en señal de victoria ante los alaridos de la multitud. ¡Nadie había hecho eso antes! Nadie podía siquiera imaginarlo. Pero un joven y audaz Pastrana lo había hecho realidad. ¡La multitud enloqueció!

Nitro Circus

Pastrana es la cabeza de *Nitro Circus*, un grupo de atletas profesionales de deportes de acción. Generalmente es el primero en intentar cualquier hazaña de moto o BMX en tierra.

Los *X Games* primero fueron llamados *Extreme Games* porque incluían deportes extremos como patineta y alpinismo.

La gente está ansiosa por ver lo que Pastrana hará la próxima vez. Ha ganado dos títulos de carreras de motocross. Es el ganador por cuarta vez consecutiva del *Rally America Driver's Championship*. Suma a eso sus 16 medallas de los *X-Games* y Pastrana es la estrella actual del motociclismo.

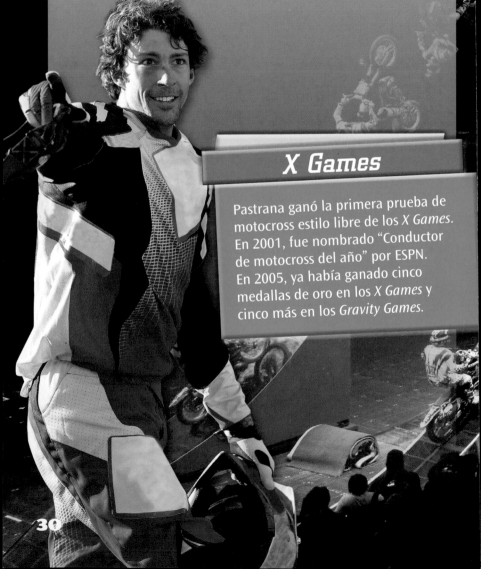

X Games

Pastrana ganó la primera prueba de motocross estilo libre de los *X Games*. En 2001, fue nombrado "Conductor de motocross del año" por ESPN. En 2005, ya había ganado cinco medallas de oro en los *X Games* y cinco más en los *Gravity Games*.

¡Demasiado extremo!

En 2011, Pastrana se rompió el pie haciendo uno de sus movimientos particulares. El accidente lo obligó a retirarse de los *X Games*. Sintió como si hubiera decepcionado a todos y prometió volver a la competición.

Mujer maravilla

Muy pocas veces surge un atleta que es más fuerte, más rápido o simplemente mucho mejor que el resto. Él o ella dejan a los demás por el piso. Michael Jordan es así. Pero desde 1932 hasta 1954, un nombre se destacó entre todos los demás. Su nombre era Mildred Didrikson Zaharias. Pero todo el mundo la conocía como Babe.

Didrikson se casó con el luchador profesional George Zaharias. Se decía que a ella le gustaba cómo él podía lanzar una pelota de golf más lejos que ella.

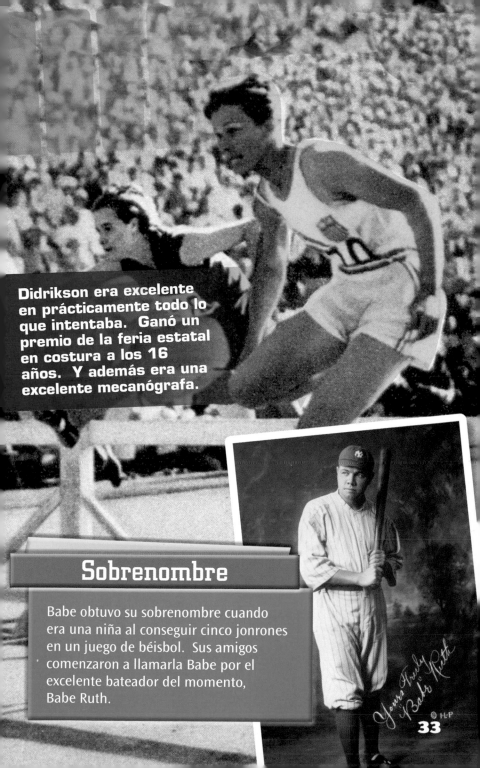

Didrikson era excelente en prácticamente todo lo que intentaba. Ganó un premio de la feria estatal en costura a los 16 años. Y además era una excelente mecanógrafa.

Sobrenombre

Babe obtuvo su sobrenombre cuando era una niña al conseguir cinco jonrones en un juego de béisbol. Sus amigos comenzaron a llamarla Babe por el excelente bateador del momento, Babe Ruth.

Yours Truly Babe Ruth

© H·P

Didrikson nació en 1911 y se crió jugando cada deporte que pudo. Se destacó en atletismo. Ganó medallas importantes en ocho de las nueve pruebas de atletismo de los campeonatos nacionales. ¡Obtuvo el segundo lugar en la novena prueba! Luego ganó medallas en tres pruebas olímpicas diferentes en 1932. Incluían vallas, lanzamiento de jabalina y salto en alto. Lo que es más sorprendente es que en 1940, Babe se convirtió en lo que muchos llaman la mejor mujer golfista de todos los tiempos. Un día, decidió comenzar a practicar el deporte y, antes de darse cuenta, era la mejor. Pasó de ser campeona de atletismo al mejor puesto en el golf profesional. Entre sus logros más importantes se destaca haber ganado 17 torneos importantes de golf de manera consecutiva. Se convirtió en alguien tan buena que fue nombrada la "Atleta de mediados de siglo".

Secretariat

¿Hazañas físicas sorprendentes? No debes buscar mucho más lejos del poderoso caballo de carrera, Secretariat. Además de ganar la prestigiosa Triple Corona, Secretariat ganó el *Belmont Stakes* en 1973 por 31 cuerpos, una hazaña aparentemente imposible y nunca jamás repetida. Ningún caballo siquiera se ha acercado.

Desastre de un solo tiro

Algunos atletas manejan bien la presión. Otros no logran hacerlo. En 1989, Scott Hoch necesitaba un *putt* final para ganar el *Masters Tournament*: lo erró. A pesar de haber sido un exitoso golfista profesional durante 30 años, le preguntan acerca de este *swing* errado en casi todos los lugares adonde va.

Babe Didrikson

Hazañas raras y alocadas

La mayoría de la gente quizá no pueda caminar a miles de pies de altura, saltar sobre automóviles ni levantar cientos de libras. Pero eso no significa que no puedan poner a prueba los límites del cuerpo humano. Observa estos sorprendentes relatos. Cada uno es seriamente extraño pero real.

¡Qué bocado!

El austríaco Marco Hort sostuvo 259 pajitas en su boca durante el Día de los récords mundiales en 2006.

¡Longitudes épicas!

Xie Qiuping ha dejado crecer su cabello desde 1973. Con una longitud de más de 18 pies, se cree que su cabello es el más largo del mundo.

¡Relleno!

En todo el mundo, la gente compite para ver cuánta cantidad puede comer. Algunas personas engullan pasteles. Otros se llenan de pizza. En 2009, Takeru Kobayashi comió 64.5 *hot dogs* en 10 minutos.

¡Eso quema!

¿Alguna vez te quemaste la boca con un trozo de pizza caliente? Los tragafuegos usan sus bocas para apagar llamas rápidamente antes de que puedan causar algún daño.

Solo si lo intentas

¿Cómo llegas a lo más alto... o caes miserablemente al fondo? ¡Solo de una manera! Las hazañas y los fracasos físicos sorprendentes comienzan todos con una persona que piensa, "¡Puedo hacerlo!" y luego lo intenta de verdad. Los **laureles** son para los vencedores. Y las penas e incluso los huesos rotos pueden ser para los perdedores. Pero los perdedores con hambre de victoria lo intentan nuevamente. Para llegar a lo más alto de la montaña, tienes que dar el primer paso.

"Puedes empezar de nuevo en el momento que quieras, porque esta cosa que llamamos 'fracaso' no está en la caída, sino en quedarse tirado".

—Mary Pickford, actriz

Éxitos y fallos

Nuestros cuerpos pueden lograr cosas sorprendentes. Puede ser doloroso. Puede llevar años. Pero para aquellos que no se rinden, el sentimiento de la victoria es inolvidable.

1932

Babe Didrikson gana medallas en tres pruebas olímpicas diferentes.

1974

Philippe Petit camina entre las Torres Gemelas.

1992

El corredor Derek Redmond lucha por alcanzar la meta final con su padre.

¡ALTO! PIENSA...

- ¿Por qué crees que cada una de estas hazañas fue importante?

- ¿Qué hazaña te hubiese gustado cumplir?

- ¿Qué fracasos crees que llevaron a estas hazañas?

1996

Kerri Strug se sobrepone a un dolor extremo para asegurarle la medalla de oro a su equipo.

2008

Michael Phelps gana asombrosamente ocho medallas de oro en natación.

**Mañana,
¿qué sigue?**

Glosario

cazatalentos: una persona enviada a obtener información, en este caso información sobre atletas importantes

coma: el estado de estar inconsciente y sin respuesta durante un extenso período de tiempo

determinación: el deseo de cumplir algo, sin importar lo que sea

eficientes: capaces de producir resultados sin perder tiempo o energía

hazaña: un gran logro

impulsos: ganas

laureles: coronas hechas de hojas de la planta de laurel que se entregaban a los campeones atléticos en la antigua Grecia; también hace referencia a los honores que se rinden a los ganadores

motivadora: inspiradora

ortopédico: artificial o falso

polio: un virus fuerte que afecta a los nervios y a la médula espinal y que puede causar deformidad y pérdida de la función muscular

preliminares: las competiciones que preceden a la competencia final

semifinal: la competencia anterior a la competencia final

temerario: una persona que adora las emociones y los desafíos físicos

victoria: la superación de un oponente

Índice

Bibliografía

Harrington, Geri. *Jackie Joyner-Kersee: Champion Athlete.* **Chelsea House Publications, 1995.**

Obtén información acerca de una de las mejores atletas del mundo que evitó usar drogas de venta bajo receta para controlar sus ataques de asma y se sobrepuso a muchos obstáculos para convertirse en cuatro veces campeona olímpica.

Macceca, Stephanie. *Wilma Rudolph: Against All Odds.* **Teacher Created Materials, 2010.**

Esta es la biografía de la mujer afroamericana que se sobrepuso a la polio cuando era niña para convertirse en la primera mujer en ganar tres medallas de oro en atletismo en una misma Olimpíada.

Milton, Joyce. *Greg Louganis: Diving for Gold.* **Random House Books for Young Readers, 1989.**

Este libro cuenta sobre la timidez, la tartamudez y los problemas de lectura de Louganis, como también su determinación y amor por los saltos de trampolín.

Zuehlke, Jeffrey. *Michael Phelps (Amazing Athletes).* **21st Century, 2009.**

Este libro es acerca de uno de los atletas estadounidenses de los que más se ha hablado en los Juegos Olímpicos de 2004. Hace un recorrido por su vida que abarca desde los días de un niño talentoso de siete años hasta su impresionante desempeño en los Juegos Olímpicos de 2008.

Más para explorar

Guinness World Records

http://www.guinnessworldrecords.com

Encuentra a las últimas personas en batir récords mundiales y a personas que obtuvieron algunos de los títulos más locos del mundo, como el adolescente más peludo.

Olympic Games

http://www.olympic.org

Lee acerca de todos los atletas que han obtenido medallas en los Juegos Olímpicos desde 1896 y obtén información sobre los deportes más fascinantes del mundo.

Ted Talks

http://www.ted.com/talks/lang/en/aimee_mullins_prosthetic_aesthetics.html

Conoce los 12 pares de piernas de Aimee Mullins y descubre cómo ha usado sus piernas especiales para inspirar a otros en este video.

ESPN

http://www.espn.go.com/sportscentury/athletes.html

Conoce la lista de los 100 atletas más importantes del siglo de *ESPN*. ¿Tu favorito está incluido?

Acerca de la autora

Dona Herweck Rice se crió en Anaheim, California. Tiene un título en Inglés de la Universidad del sur de California y se graduó en la Universidad de California en Berkeley con una credencial para la enseñanza. Ha sido maestra de preescolar y hasta décimo grado, investigadora, bibliotecaria, directora de teatro, y actualmente es editora, poeta, escritora de materiales para maestros y escritora de libros para niños. Está casada, tiene dos hijos y vive en el sur de California. Le encanta desafiar a su cuerpo para lograr nuevas hazañas y nunca tiene miedo de intentarlo nuevamente luego de un fracaso.